L 43
b
383

AF243137

L 43
b
383

ESSAI

SUR LES CAUSES DU RESSERREMENT DU NUMÉRAIRE EN FRANCE,

ET SUR UN DES MOYENS D'EN ACCROITRE LA CIRCULATION,

DE DIMINUER L'IMPÔT FONCIER,

DE COMMENCER LE REMBOURSEMENT DE LA DETTE NATIONALE,

DE PROCURER DE NOUVELLES RESSOURCES AU GOUVERNEMENT.

————

A PARIS,

DE L'IMPRIMERIE DE HONNERT,
rue du Colombier, n°. 1160.

————

FRIMAIRE, AN VIII.

CET ouvrage se trouve carré porte Saint - Denis , chez la Citoyenne GRAEB, maison du Bureau de Loterie, nᵒ. 5, et chez tous les Marchands de Nouveautés.

Les exemplaires non souscrits de la susdite Citoyenne ne seront point avoués par l'Auteur.

ESSAI

SUR LES CAUSES DU RESSERREMENT DU NUMÉRAIRE EN FRANCE,

ET SUR UN DES MOYENS D'EN ACCROITRE LA CIRCULATION,

DE DIMINUER L'IMPÔT FONCIER,

DE COMMENCER LE REMBOURSEMENT DE LA DETTE NATIONALE,

DE PROCURER DE NOUVELLES RESSOURCÉS AU GOUVERNEMENT.

La République française éprouve depuis nombre d'années une guerre sans exemple dans les siècles passés; plusieurs puissans états coalisés contre elle, lui ont attiré des ennemis même du fond du nord.

Les principaux instigateurs de cette coalition ont entravé tout le commerce de la France, d'où suit la stagnation des produits des arts et de l'industrie.

Cette guerre a aussi pour effet de porter à l'étranger une grande partie du numéraire, que le défaut de transactions commerciales empêche de rentrer ; et cependant pour la soutenir, il a fallu recourir successivement à des augmentations d'impôts, plus proportionnés aux grands besoins renaissans qu'à la possibilité de les recouvrer.

A

Ceux portant sur les biens-fonds participent spécialement à ce majeur inconvénient : il y a plus, c'est qu'ils
anéantissent toutes translations de propriétés par le simple
calcul des charges dont elles sont grevées. C'est ce qu'on
démontrera ci-après.

Il résulte de cette position des choses que les capitalistes, et même tous les individus ayant quelque réserve,
préfèrent de garder leurs fonds oisifs, plutôt que de les
placer avec risque de n'en tirer aucun profit, et par l'in-
quiétude en outre d'être signalés comme susceptibles des
impôts mobilier et somptuaire, qui prêtent à un arbitraire inévitable, ainsi que toutes ressources de ce genre
particulièrement entachées de ce vice.

A ces causes, qui diminuent la circulation du numéraire dans l'intérieur, il faut ajouter la plus importante
de toutes, celle du défaut de confiance, ou plutôt de la
méfiance absolue répandue sur les transactions particu-
lières, laquelle influoit, mal à propos sans doute, sur les
opérations du gouvernement. Mais telle est la marche de
la crainte : une fois en explosion, elle s'étend sur tout.

Ces différentes causes produisent un resserrement tel,
qu'il feroit pour ainsi dire présumer qu'il n'y a pas même
en circulation le numéraire nécessaire pour acquitter les
impôts au point où ils sont portés ; faculté précédemment
alimentée par les ressources taries de la banque et du
commerce.

Enfin, il est de fait,

Que les propriétaires de fonds se plaignent généralement de ne pouvoir se faire payer de leurs revenus;

Qu'il existe un arriéré considérable sur le recouvrement des impositions ;

Qu'il y a suspension de travaux dans les ateliers, dans
les manufactures, et en tous genres pour la très-majeure
partie des ouvriers.

Rien ne peut prouver davantage le resserrement ou
l'épuisement. Par ces motifs, on compteroit sans doute en
vain sur l'entière rentrée des contributions existantes. Le
gouvernement peut seul remédier à cette situation politique : il y est d'autant plus intéressé, qu'il y a nécessité
de se procurer de nouvelles ressources pour soutenir la
guerre, ou pour déterminer à la paix , en raison de leur
influence en diplomatie.

On croit possible de parvenir à se les procurer ; mais avant
d'en reproduire le moyen, il est indispensable de discuter les
motifs d'opposition qu'on a déjà apportés à son adoption.
On espère que l'emploi qu'on proposera du produit de
ce moyen, pourra contribuer à surmonter les préjugés
contraires, ne fût-ce qu'en considération de l'axiome : *Ne-
cessitas suprema lex.*

On rappelle d'abord comme principe généralement re-
connu, que les perceptions assises sur les objets de consommation tiennent la balance d'équité la plus exacte : elles
ont en même temps toujours été considérées comme pro-
duisant les recouvremens les plus sûrs.

Cette vérité seroit au besoin démontrée par la marche
suivie de la part des administrations intérieures et privi-
légiées qui existoient sous le régime monarchique. C'étoit
sur cette base que tous les pays d'état établissoient les

recouvremens nécessaires pour acquitter leurs concordats avec le gouvernement.

On peut joindre à ces exemples ceux du même mode suivi par la Hollande, l'Angleterre, les Etats-Unis, etc.

De ce principe dérivent les observations suivantes sur la concurrence, si ce n'est (autant qu'on le peut judicieusement) la préférence à donner aux impôts indirects sur ceux directs.

Ici l'on réclame le courage de lire l'exposé jusqu'à la fin, à part toute opinion formée.

OBSERVATIONS

Relatives à l'impôt sur le sel, et à l'impôt foncier.

Après l'estimable ouvrage du citoyen représentant Lecouteulx, de Vendémiaire an 7, sur les finances, il paroît difficile d'y ajouter de nouvelles vues générales ; mais au moyen de ce qu'il a traité la matière sous l'aspect de son ensemble, il n'auroit pu, sans prolixité, descendre dans de grands détails sur chaque partie.

Celle à laquelle on s'attache particulièrement dans ces observations, a paru mériter d'être ramenée à l'examen des législateurs, à raison de ce que l'on considère comme un vrai malheur le rejet d'un subside léger en lui-même, qui devoit par un produit important contribuer à aligner les recettes avec les dépenses nécessaires (1).

---

(1) On sait qu'en principe général d'administration ce sont les dépenses qu'il faut régler sur les recettes : mais il y a à remarquer, par rapport aux circonstances, d'une part, les besoins qui résultent de l'état de guerre ; de l'autre, que dans cette position on ne peut espérer de ressources suffisamment actives que des impôts perçus à jour.

(5)

C'est donc uniquement pour rassembler sous un même
point de vue les motifs que l'on croit propres à faire
prendre cet objet en nouvelle considération , qu'on pré-
sente les réflexions suivantes , qui doivent conduire par
leurs résultats aux conséquences de principes, induites
par le citoyen Lecouteulx.

On estime au surplus qu'au risque des redites , on ne
sauroit trop répéter les vérités utiles.

De l'impôt sur le sel.

Depuis quelques années on envisageoit l'établissement
de cet impôt comme une mesure *juste* et *nécessaire*.

Juste , en ce qu'elle dérive du principe incontestable
que chaque citoyen doit contribuer aux dépenses com-
munes , en proportion de ses facultés.

Nécessaire , non-seulement pour proportionner les recettes aux dépenses , mais encore et sur-tout pour tendre
au but de diminuer par ce secours les contributions qui ,
par leur nature ou quotité , nuisent radicalement.

On vouloit donc , d'après ces considérations, proposer
cet impôt en en basant la perception à l'extraction du sel,
ainsi qu'elle a été présentée. Sur la communication qui
fut donnée du plan à un représentant très - éclairé , il
annonça qu'il existoit sur ce point un tel système d'opposition *partielle*, que ce plan fut abandonné. Présenté
depuis , il n'a pas été accepté.

Les motifs de l'opposition étoient louables sans doute,
en tant qu'ils avoient pour motifs les abus de formes et
de fonds qui résultoient de l'excès comme de la régie de

l'impôt sous l'ancien régime. On croit utile au but qu'on se propose de rappeler les causes principales de ces abus ; car on ne peut espérer de détruire les préjugés que par des moyens de conviction, et à l'aide de comparaisons, d'où ressortent les différences.

Ce qui paroîtroit incroyable, si la chose n'étoit constatée par des faits connus, c'est que la France (1) étoit alors tellement divisée, morcelée localement relativement aux intérêts du fisc, qu'il y avoit des provinces réputées étrangères : telles étoient la Bretagne, la Flandre, l'Artois, le Cambresis et la Franche-Comté.

D'autres, considérées comme étranger effectif : ces dernières comprenoient la Lorraine, l'Alsace, les Trois-Evêchés, le pays de Gex, le Comtat, et les ports de Marseille, Bayonne et Dunkerque.

Ces provinces et celles qui seront ci-après désignées, à raison des variantes dans les prix du sel, formoient les deux-tiers du ci-devant royaume.

Venoit ensuite ce que l'on appeloit le ressort des cinq grosses fermes relativement à l'impôt. Ce ressort s'étendoit sur la Picardie, la Champagne, la Bourgogne, le Bourbonnois, le Berry, l'Orléanois, l'Isle de France, la Touraine, le Perche, la plus grande partie de la Normandie, le Maine et l'Anjou.

C'étoit dans cette immense enceinte qu'étoit assis le régime des grandes gabelles : le prix du minot de sel y varioit de . . . . 54 à 61 l. 10 s.

____

(1) Le citoyen Lecouteulx désigne la chorographie de la France, eu égard à la gabelle, comme représentant un damier. Le développement que l'on fait de cette donnée, peut concourir à diriger l'opinion.

(7)

Et cependant il y avoit quelques lieux
intérieurs privilégiés où il alternoit de 3 l. 10 s. à 32 l.

Cette même enceinte aboutissant d'une
part à la Manche, étoit d'ailleurs entourée
de provinces, ou lieux différemment
exempts ou privilégiés, dont la dénomi-
nation suit, et dans lesquels les prix du
sel étoient absolument disparates. Tels
étoient :

1º. Les provinces de petites gabelles.
Le prix du minot y varioit de . . . 10 l. à 57 l. 10 s.

2º. Les gabelles de Salines, prix de . 12 l. 10 s. à 37 l.

3º. Le pays de quart-bouillon, unifor-
mité de prix . . . . 13 l.

4º. Les gabelles du Rhételois, variantes
de . . . . 15 l. à 17 l. 10 s.

5º. Les provinces rédimées de gabelle,
prix de . . . . 6 l. à 11 l.

6º. Les provinces franches, alternat
de (1) . . . . 1 l. 10 s. à 8 l.

Il est sensible que de tels enchevêtremens, de telles
divergences qui favorisoient les versemens dirigés par
l'appât du gain, devoient exciter les fraudes, par conséquent
conduire pour les empêcher à une grande sévérité de régie,
et au fléau de commis en nombre excessif jusque dans
l'intérieur. Il le falloit même pour assurer des recouvremens

____

(1) On a été obligé de conserver les dénominations des ci-devant provinces
par rapport aux vérifications sur les anciennes cartes.

C'est pour le même motif de vérification qu'on a rappelé le prix en livres
et sous.

alignés sur les augmentations de produits, exigées de baux
en baux. De-là le régime rigoureux qui s'en est suivi.

Que l'on compare cet état de choses,

D'une part, avec la simplicité de l'administration de
l'impôt perçu près des marais salans et des salines, par
suite à peu de frais, et avec autant de sûreté que de facilité ;

D'autre part, non-seulement sans nulle gêne intérieure,
mais même avec l'entière liberté, laissée au commerce précédemment prohibé sous les peines les plus graves.

N'est-il pas dès-lors démontré que l'impôt sur le sel,
tel qu'il est proposé, ne tient en rien aux vices de l'ancienne régie des gabelles ? C'est ce qu'on ne sauroit trop
faire remarquer, publier même pour éclairer les préven-
tions.

Ce n'est pas tout : en rangeant le sel dans la classe des
besoins de première nécessité, il faut examiner :

1°. Quelle est la proportion de la dépense individuelle
qu'il doit occasionner généralement parlant.

2°. Si cette proportion est en accord avec les moindres
facultés.

Proportion de la dépense.

Pour l'établir, il faut partir d'une estimation commune
de la consommation. Il y a à cet égard des bases certaines,
elles procèdent des relevés faits par l'ancien fisc.

Dans les provinces franches de gabelle, cette consommation étoit de 8 kilogrammes 805 grammes (ci-dev. 18 l.)
par tête *de tout âge et de tout sexe, pour l'année;* ce qui
revient par jour de 24 à 25 gram. (6 gros un tiers) : elle

étoit

(9)

étoit la même dans les provinces rédimées , ce qui fait preuve pour l'usage libre.

Proportion avec les moindres facultés.

La consommation établie à raison de 24 à 25 grammes par tête et par jour, on estime la composition de chaque famille au pied commun de cinq têtes ; ce qui donne aussi par jour 122 grammes (ci-dev. 4 onces).

On a le sel au port à Paris de 4 f. à 4 f. 50 c. les 49 kilogrammes (quintal) , ce qui, au *maximum*, ne le porte pas à un sou les 489 grammes (la livre). En y joignant un impôt de deux sous, ces 489 grammes reviendroient à 15 centimes. On les porte de 17 à 18 centimes pour la vente en détail : à ce taux et à raison de 122 gr. (4 onces) par famille composée de cinq têtes , le chef, même gêné , ne dépenseroit pas par jour cinq centimes pour son sel. S'il l'achetoit au poids de 24 kilogrammes (minot), il ne lui en coûteroit pas quatre centimes par jour.

Donc , et dans tous les cas, l'être isolé dépenseroit moins d'un centime par jour pour son sel.

Les moindres facultés, le plus médiocre salaire suffisent sans doute pour de pareilles dépenses.

Cependant chaque individu de tout sexe et de tout âge consommant 8 kilogrammes 805 grammes de sel (18 liv.) par an, payeroit à raison de deux sous d'impôt par 489 gr. (livre), 1 fr. 80 c.; ce qui pour trente millions d'habitans dont est au moins composée la République , donneroit un produit de cinquante-quatre millions , par conséquent un

B

net de plus de cinquante-trois, les frais de régie de l'impôt n'ayant été évalués qu'à 400,000 francs ; ce qu'autorise la simplicité sensible de cette régie.

Cet impôt seroit donc aussi peu onéreux qu'avantageusement productif.

Des impôts indirects comparés aux directs.

C'est pour ne pas épuiser, par rapport à l'impôt sur le sel, tout ce qu'on peut dire à l'avantage de ceux du genre, que l'on passe à des observations sur les impôts de deux espèces.

Rien ne peut mieux les faire juger par opposition, que de réunir dans des cadres circonscrits les effets réels et d'opinion relatifs aux impôts directs et aux inconvéniens qui y sont attachés, et de les mettre en comparaison avec les effets sensibles quoiqu'intérieurs des impôts indirects.

Ceux directs prêtent par leur essence à l'arbitraire ; par suite, on ne trouve jamais les bases suffisamment classées, ni les réparations et non-valeurs équitablement évaluées ; en raison de quoi on se trouve toujours trop imposé, préjugé très-nuisible au recouvrement. En général, on redoute l'impôt déterminé, on craint son surhaussement, les termes fixes de paiement, les poursuites qu'ils entraînent, et que le grand nombre ne peut éviter lorsque les taxes passent la vraie mesure de proportion ; motifs qui se réunissent d'abord pour éluder ou restreindre l'impôt par tous les moyens possibles, et ensuite pour en retarder l'acquit. Alors le mal, produit par l'effet des poursuites, est incalculable en ce que d'une part il absorbe en pure perte , pour le trésor public , les moyens de payer ; d'autre part , en ce qu'il ruine le contribuable, et par le fait des frais , et sur-tout parce qu'il le force de vendre ses récoltes à vil prix, vente qui nuit à la reproduction par défaut de facultés pour les remplacer.

Les impôts indirects, particulièrement ceux sur les consommations , présentent des aperçus tout opposés , parce qu'on n'en mesure l'influence que dans une perspective éloignée qui en amortit l'effet. Envisagés administrativement , ils ont pour premier avantage d'atteindre avec certitude tous leurs rapports , spécialement (privilège exclusif de cette nature d'impôts) les fortunes des agioteurs ainsi que celle des capitalistes , qui, comme eux, ne les emploient qu'au jeu des porte-feuilles. Ils ont en outre dans l'opinion le point consolant de ne présenter aucune exigeance actuelle absolue , non plus qu'aucun terme fixe de paiement. Ils laissent pour ainsi dire la liberté de ne les pas payer, mais bien certainement celle de ne s'y soumettre qu'à volonté : ils s'acquittent insensiblement par portioncules , et toujours en proportion des facultés. C'est aussi ce qui consolide leur rentrée constamment effectuée sans moyens vexatoires , qui se trouvent avantageusement remplacés par l'instance des besoins journaliers : enfin ils sont perçus à jour. C'est l'aliment habituel du trésor national qui donne le mouvement à tout par l'exactitude de ses paiemens ; rapport sous lequel il est le vrai thermomètre du crédit public.

A ces différens titres , les impôts indirects seroient en tous points préférables aux directs, s'il n'étoit dans l'ordre que les propriétés foncières contribuent spécialement aux charges publiques. Sur quoi il est à observer que les propriétaires participent comme individus au paiement des impôts indirects, additionnellement au foncier : raison de plus pour soulager les propriétés.

Après avoir démontré les avantages des impôts indirects sous l'acception de la certitude et de l'activité des recouvremens, on doit répéter avec les citoyens représentans Lecouteulx et Chassiron, qu'ils ne peuvent remplir le double but d'être modérés en même temps que productifs, qu'autant qu'ils portent sur des objets de grande consommation (tel seroit assurément l'impôt sur le sel). Ce n'est qu'au moyen de ce classement qu'ils peuvent être employés utilement. Répandus sur les choses usuelles d'un médiocre besoin habituel, ils occasionnent un mécontentement infiniment hors de proportion avec leur peu de produit : c'étoit le résultat de la multiplicité de ceux établis sous l'ancien régime.

C'est évidemment par esprit de popularité (1) qu'on a rejetté l'impôt sur le sel, motif assurément estimable. Qu'on souffre cependant cette sorte de comparaison. Le

---

(1) Le peuple cultivateur ne mérite-t-il pas une considération particulière, eu égard à l'importance de l'agriculture ?

Dans la nécessité d'accroître les impôts, doit-on, à raison d'anciens abus naissant d'un plan vicieux, et faciles à éviter, repousser une contribution légère qui, basée sur les principes d'une justice distributive, offre un produit important sans gêne ni surcharge ?

Enfin doit-on à tous risques porter la plus forte masse des impôts en directs pour ne pas recourir aux indirects nécessaires ?

Il semble que la réponse à ces dernières questions est que le mieux consisteroit à employer avec mesure les deux genres, sur-tout dans les objets d'ensemble, pour modérer ces impôts les uns par les autres, ne fût-ce que parce qu'un fardeau partagé est plus facile à supporter.

peuple, dans le sens présenté, est un élève que l'on gâte, et qui doit souffrir par la suite des habitudes qu'on lui laisse prendre contre raison ; ce qui (au cas présent) est prouvé : car le peuple ne peut vivre que de son travail, et ce travail est restreint en proportion de la diminution des facultés nécessaires pour lui en procurer. Le but de la popularité seroit donc rempli en en laissant les moyens.

De fait, en considérant la quotité des impositions qui portent sur les propriétés foncières, il est plus que probable que la très-majeure partie des propriétaires ne peut trouver dans le net de ses produits, la possibilité de suffire aux dépenses de première nécessité, à celles imprévues, encore moins aux améliorations ; tous objets de travaux pour le peuple.

L'impôt foncier est rappelé dans l'ouvrage vraiment civique du citoyen représentant Chassiron, pour 215 millions, d'après l'état fourni par le ministre des finances. Suivant ce même état, l'ensemble des impositions proprement dites n'est que de 392,500,000 francs : ainsi les propriétés foncières supportent en principal plus que la moitié de l'ensemble des contributions.

Mais l'impôt ne se compose pas seulement du net qui doit entrer au trésor public : il faut y joindre tout ce qui porte à son égard sur les contribuables. La loi sur l'assiette des sous additionnels les porte à 32 cent. et demi ; ce qui fait à peu près le tiers en sus de l'impôt. Voilà donc le foncier élevé à 285 millions : qu'on y ajoute celui sur les portes et fenêtres (1), et les droits qui portent par-

---

(1) Cet impôt, qui relativement aux maisons en location, peut être évalué du quart au tiers en augmentation du montant du foncier, porte entiè-

ticulièrement sur les biens-fonds , comme ceux d'hypo-
thèques , et ceux d'enregistrement sur-tout pour les muta-
tions , on sera porté à convenir non-seulement que ces
biens supportent le plus grand fardeau des impôts , mais
même que leurs contributions excèdent de beaucoup la
moitié de tous les revenus de la nation (1). Si par ces
réflexions on n'est pas convaincu que le foncier est hors
de proportion , on en peut juger supplémentairement par
l'extrême dépréciation des propriétés , fondée sur les cal-
culs des charges fixes , des avances nécessaires , et des réparations accidentelles.

Toujours est-il que par cause de gêne le propriétaire fait
beaucoup moins travailler. Le surhaussement de l'impôt
tourne donc contre le peuple, tandis que par l'influence
d'un impôt sur le sel , dont partie seroit employée en
diminution sur le foncier, la chance seroit à son profit,
puisque pour moins d'un centime que chaque individu
auroit à payer par jour , il recouvreroit l'avantage de gagner 30 à 40 sous , et même plus aussi, par jour.

Il est à présumer que l'impôt foncier a été basé sous
l'acception abstractive que la terre est le type de toutes
les richesses. Mais il faut observer aussi qu'elle ne les produit qu'au moyen de fortes avances et de travaux dispen-

rement sur les propriétaires par la baisse considérable qu'il occasionne sur
les loyers.

(1) On ne peut présenter que le fixe de l'impôt foncier , et indiquer
seulement l'importance de ses annexes : mais ce même impôt sert de base
pour l'assiette de l'emprunt forcé.

Quelle masse de charges sur les propriétés affoiblies de produit par l'accroissement des salaires, par celui des dépenses d'entretien! Propriétés au
surplus, quant à présent, hors de possibilité de vente : motif forcé de les
conserver.

dieux; que ses produits sont d'ailleurs éventuels, à raison
de chances incertaines. Les produits étant variables, doi-
vent-ils être chargés d'un impôt évidemment exhaussé,
payable par divisions égales, à des termes fixes sous peine
de contraintes? Il seroit à desirer, sur-tout pour les biens
ruraux, que l'on classât les paiemens de manière que la
plus forte portion ne fût exigible qu'après les récoltes,
parce que c'est au moyen de leur vente que la majeure
partie des contribuables peut s'acquitter.

Une considération majeure à présenter, par rapport à
cet impôt foncier, c'est que lorsqu'il est modéré, il amène
l'accroissement de la culture. En s'étendant, elle s'amé-
liore en proportion de l'augmentation des bestiaux et des
engrais qu'ils procurent : le résultat est l'abondance et le
bonheur qui la suit. Il est un autre résultat non moins
précieux en administration, c'est la sûreté du paiement
de l'impôt, acquitté en partie par l'économie des frais de
poursuites. Cet impôt assis sur un taux proportionné, il
seroit aisé d'en accélérer le recouvrement, par un moyen
simple qui ne participe en rien aux désastreux effets des
contraintes.

On ne peut disconvenir que l'agriculture est la mère
productrice non-seulement des alimens nécessaires à la
vie, mais aussi des matières premières des arts, du commerce et de l'industrie : en la favorisant, c'est étendre
toutes ces bases de prospérité. Il y a donc tout à gagner
par ce mode, et tout à perdre par celui qui lui est opposé.
Ces effets, consacrés par l'expérience, doivent déterminer
le *conclusum* de tout examen réfléchi.

On répète ici que par l'ancien projet de l'établissement

de l'impôt sur le sel, il ne. devoit gêner en rien le commerce de cette denrée. Cette liberté est un point capital et précieux qui rentre dans le bienfait de la translation des douanes aux frontières, profonde conception législative. Tout ce qui pourra être aligné sur ce plan sera essentiellement utile, autant que l'ensemble des impôts sera circonscrit dans les recouvremens nécessaires et possibles; et comme on doit espérer une époque de paix, d'où suivra la diminution de leur masse, celui sur le sel, insensible en lui-même, aideroit provisoirement à procurer à l'agriculture le soulagement qui peut seul assurer sa prospérité.

Dans l'espoir d'avoir convaincu des motifs qui doivent déterminer à accorder diminution sur l'impôt foncier, et d'avoir démontré la convenance en principe d'administration, aligné sur les circonstances, de recourir à un impôt sur le sel, on propose le plan suivant, fondé sur l'assiette de cet impôt. On verra que ce plan tend en même temps à procurer une ressource actuelle pour la guerre.

PLAN.

PLAN.

On suppose l'impôt fixé à 10 centimes par 489 grammes (livre ancienne). On a vu précédemment qu'à ce taux son produit seroit de. 54,000,000f

On en déduit :

Pour réduction de perception , *jusqu'à parfaite organisation.* 10,000,000
Et pour frais d'établissement. . . . . 2,500,000 } 12,500,000

____

Reste en perception. 41,500,000

Sur cette somme , on déduit encore , pour être versé au trésor national , en remplacement d'un dixième de diminution sur l'impôt foncier. 21,500,000

____

Reste en net provisoire. . . 20,000,000f

____

Sur ce produit de 20 millions , on estime qu'on peut ouvrir un emprunt volontaire de 200 millions , à raison de cinq pour cent d'intérêts., *lequel seroit payable , tant pour lesdits intérêts qu'en remboursement annuel de capital, sur le produit de l'impôt ;* à l'effet de quoi il seroit invariablement consacré à cette opération par *l'établissement et les formes* décrétées par le corps législatif, et qui en assureroient la plus stricte exécution.

Cet emprunt devroit, ce semble , être offert non - seulement sous tous les moyens qui peuvent consolider cette certitude , mais de plus , à certain égard , avec quelque avantage qui ajoute encore à celui de pouvoir compter sur les paiemens les plus assurés.

OBSERVATIONS.

I.

Par suite de ce qui a été exposé sur la surcharge résultante de l'impôt foncier , on croit pouvoir dire qu'il seroit convenable d'effectuer la réduction proposée.

I I.

Le plan de l'opération est joint en tableau. Les intérêts seroient payés, et les remboursemens effectués en quinze années. Il resteroit même sur la quinzième année un fonds libre de 15,785,635 francs.

Cet établissement sera présenté ci-après. On estime que les formes doivent consister en effets au porteur, par conséquent transmissibles. (Voir les observations numéros 5 et 6, et les articles relatifs).

I I I.

Les effets disponibles et négociables sont dans le goût de la nation : premier véhicule. Un second seroit la certitude acquise des paiemens. Ces deux véhicules réunis doivent naturellement remettre en circulation le numéraire, gardé à regret sans profit , à moins de le

C

PLAN.	OBSERVATIONS.

PLAN.

C'est en conséquence qu'en proposant de recevoir à l'emprunt, sous la condition qui va être exprimée, les inscriptions de rentes perpétuelles pour les capitaux consolidés *effectivement fournis*, on propose en même temps de recevoir ces capitaux pour un dixième en sus de plus value, toutefois en ajoutant à ces capitaux réunis une somme égale en numéraire ; autrement les principaux de rentes ne seroient pas admis.

Seroient admises dans l'emprunt les quittances des sommes payées en conséquence de la loi du dix Messidor an sept, mais sans plus value additionnelle, et sous la condition de compléter le montant de l'une ou plusieurs des actions relatives aux coupures de l'emprunt à ouvrir.

Enfin, seroient reçues à l'emprunt toutes sommes en numéraire, en se conformant à la condition ci-dessus.

OBSERVATIONS.

soumettre à des risques énormes qui ne conviennent pas à beaucoup près au plus grand nombre, et c'est celui qui enfouit.

Une autre considération, c'est la faveur intrinsèque, et celle de circulation que l'opération donneroit aux capitaux de rentes, nature de propriété à laquelle tient particulièrement le crédit public.

Supposant l'emprunt rempli à moitié par des capitaux de rentes, ce seroit, attendu la plus value, une influence de 110 millions. Resteroit en numéraire recouvré . . . . . . 90 millions.

A quoi ajouter les intérêts du capital de 100 millions, qui seroient payés à la décharge du trésor public . . . . 5 millions.

Ce seroit donc une rentrée de 95 millions.

Et de plus le remboursement d'un capital de 100 millions, premier pas vers l'espérance d'une suite de liquidation de la dette publique. Si l'on ne portoit pas à l'emprunt moitié en capitaux de rentes, il est sensible que la recette en numéraire augmenteroit comparativement.

I V.

Ceux des créanciers, par le premier emprunt, qui ne voudroient pas acheter des biens nationaux, trouveroient dans celui-ci, pour avantages, paiement d'intérêts et l'espoir d'un prompt remboursement : ce qui sera expliqué à la suite. (Voir l'observation n°. VII et l'article qui y correspond).

Forme de l'emprunt, administration et caisse.

L'intention , dans ce *prospectus* , est de porter les sûretés à offrir aux prêteurs, au point de forcer, pour ainsi dire, la confiance. C'est en conséquence qu'on propose de faire verser dans une caisse particulière les fonds provenans de l'emprunt et les produits de l'impôt, sauf, par rapport à l'emprunt, à en reverser le montant à la trésorerie nationale, *sous la réserve provisoire du premier fonds nécessaire pour acquitter les arrérages du premier sémestre.*

On estime que cette caisse particulière, considérée comme caisse d'amortissement (1), devroit être constituée de manière qu'on ne pût en aucune circonstance suspendre ses opérations ; à l'effet de quoi la loi de son institution devroit contenir toutes les dispositions nécessaires pour concentrer le produit de l'impôt dans l'emploi spécial et unique pour lequel il seroit établi, et auquel il seroit affecté.

L'emprunt pourroit être effectué en effets au porteur, numérotés de suite ou par classes, c'est-à-dire par sommes principales de 1000,

---

(1) Pour établir et donner la confiance nécessaire à une caisse d'amortissement, il est incontestable qu'il faut lui assigner des rentrées *évidemment* assurées. C'est ce qui résulteroit des produits de l'impôt.

V.

Les motifs qu'on va déduire font présumer qu'il seroit à tous égards avantageux d'établir l'administration provisoire de l'emprunt, et la caisse générale du produit de l'impôt au Mont-de-Piété.

Indépendamment de la condition remplie d'une caisse particulière déjà connue, il est à observer que les fonds intermédiaires de la rentrée de l'impôt jusqu'aux paiemens prévus, seroient par ce moyen placés très-avantageusement, puisque cette administration emprunte à un et demi par mois, et prête de deux à deux et demi ; alors les bénéfices résultans de la cessation des emprunts privés tourneroient soit au profit de la nation (ce qui diminueroit le taux estimé des intérêts de l'emprunt), soit en accroissement de remboursemens, auxquels seroient encore ajoutés par la suite les 10 millions déduits de la perception espérée ; ce qui accéléreroit la liquidation au point le plus rapide.

Pour exécuter ce plan , qui paroit mériter attention , il suffiroit d'établir un nombre suffisant d'administrateurs pour suivre toutes les opérations dès-lors confiées au Mont-de-Piété, et pour assurer le succès du bénéfice éventuel indiqué. On pourroit accorder à ces administrateurs une remise graduée sur ce bénéfice.

V I.

L'ordre de la comptabilité exige les mesures proposées.

Il est à remarquer qu'au moyen de ce que les principaux de rentes portés à l'emprunt seroient convertis en effets au porteur, dès-lors toutes rentes perpétuelles deviennent négociables sans frais. Ce seroit un concordat

PLAN.

2000, 3000, etc., suivant ce qu'on estimeroit le mieux. Ces effets seroient garnis de leurs coupons d'intérets, payables par sémestre ; mais on ne pourroit placer à l'emprunt qu'en remplissant intrinsèquement la somme indiquée par chaque classe distincte.

On pense qu'il ne pourroit qu'être avantageux de donner aux porteurs d'effets la faculté d'en demander le remboursement, en en indiquant les numéros et leur montant ; mais comme on ne pourroit excéder le fonds destiné chaque année aux remboursemens généraux, il seroit tenu régistre de ces demandes, à l'effet d'instruire le public par avis affichés, lorsque ce fonds seroit rempli. A défaut de demandes ou de demandes suffisantes, le remboursement annuel seroit effectué, en tirant publiquement au sort les numéros des effets dans les formes d'usage, et jusqu'à due concurrence.

Pour accélérer la rentrée de l'emprunt, l'administration chargée de son recouvrement pourroit être autorisée à recevoir des prêteurs aussi-tôt la loi rendue, et à donner en conséquence des reçus provisoires portant promesse de la remise des effets définitifs, et du paiement des intérêts pour laps de temps de la date de la remise des fonds, jusqu'à celle du premier sémestre suivant.

OBSERVATIONS.

volontaire entre le vendeur et le ou les acheteurs ; car ces capitaux pourroient être payés d'avance sur la remise du titre en vertu duquel l'acheteur en feroit l'emploi à l'emprunt.

VII.

Le but de cette facilité est d'enraciner, pour ainsi parler, la confiance. Il a en outre pour objet de mettre un frein à l'agiotage, qui abuse de tout. On ne croit pas se tromper, en pensant que ce mode soutiendra ces effets à un taux raisonnable en faveur de ceux qui n'ayant pas d'occasion de les placer pour comptant, seroient dans la nécessité de les négocier avant le terme de paiement.

L'impôt ayant acquis sa consistance, on pourroit par la suite faire les remboursemens volontaires par sémestre, ce qui seroit d'une politique avantageuse, et favoriseroit la circulation.

VIII.

Cette disposition, qui tendroit à mettre l'emprunt en prompte activité, donneroit aussi le temps nécessaire pour former l'établissement des bureaux, et faire les impressions que le régime d'emprunt exige.

Ce *prospectus* examiné, discuté, si du moins il produit l'effet qu'on desire, il seroit aisé de le convertir en loi organique.

Le plan paroît au surplus présenter, suivant l'engagement contracté par le titre de cet èssai :

Une ressource majeure ;

L'avantage d'une augmentation annuelle de circulation, par les remboursemens de l'emprunt, indépendamment de celle de l'émission actuelle de son produit, indépendamment aussi de celle des effets au porteur, qui représenteroient numéraire ;

Un commencement de liquidation qui doit ramener la confiance ;

Enfin, un soulagement sur l'impôt foncier, qui tendroit encore plus efficacement à ce but (1).

Seroit-ce donc une illusion de croire que cet amalgame de moyens et d'effets doit accroître le crédit si nécessaire au gouvernement dans les circonstances ? C'est du moins le vœu d'un citoyen qui n'a en vue dans cet exposé que ce qu'il croit propre à contribuer au plus grand avantage de la nation.

---

(1) Le rapporteur de la commission des finances a manifesté dans la séance du 16 Vendemiaire, que l'opinion de la commission est *que l'impôt foncier fait pâtir l'agriculture, que par suite elle tombe dans la détresse et l'avilissement, que cependant elle est la mère nourrice de l'état ;* ce qui répond à ce qu'on a observé dans ce mémoire, qu'elle l'est des arts, du commerce et de l'industrie, motifs réunis de toute protection.

REFLEXIONS GENERALES.

Sɪ l'on attaque le produit de l'impôt, c'est-à-dire si l'on prétend qu'il ne montera pas au taux *réduit* indiqué,

On a à répondre qu'en faisant payer cet impôt aux emmagasinemens (chose très-facile), on aura une recette anticipée qui s'alignera avec l'attente des produits.

Si l'on objecte que l'emprunt ne sera pas rempli, malgré l'assurance des remboursemens, et malgré la certitude du paiement des intérêts,

Eh bien! alors moins à rembourser; mais l'impôt (subside majeur) pourroit concourir aux dépenses, en laissant encore de quoi soulager l'agriculture, cette mère productrice de tout.

On est convenu à la tribune du point de fait que l'emprunt forcé a déjà paralysé les principales perceptions établies. Cet effet ne peut s'amortir que lentement. D'ailleurs, quoique l'emprunt soit remplacé par un impôt moins onéreux, n'est-il pas à craindre que les produits de cet impôt ne soient fortement entravés par une cause que l'on doit considérer comme presque générale, *celle de la pénurie.*

Il faudroit donc de nouvelles ressources.

Il n'en est pas qui, comme l'impôt sur le sel, réunisssent les avantages,

D'un facile et prompt établissement ;

D'une perception assurée avec très-peu de frais ;

D'un produit important, non-seulement sans surcharge, mais même par une contribution insensible ;

Enfin, qui laissent plus de liberté intérieure pour le commerce relatif; maintien de principe qui doit être en tout inhérent au régime républicain.

Qu'on en imagine, dans l'état présent du commerce, qui puissent entrer, non pas en concurrence, mais seulement en comparaison.

TABLEAU du remboursement progressif d'un emprunt de deux cents millions, et du paiement annuel des intérêts à raison de cinq pour cent, sur un fonds annuel aussi de vingt millions.

	Principal décroissant.	Intérêts.	Remboursemens.
1ere. année.	200,000,000	10,000,000	10,000,000.
2e.	190,000,000	9,500,000	10,500,000.
3e.	179,500,000	8,975,000	11,025,000.
4e.	168,475,000	8,423,750	11,576,250.
5e.	156,898,750	7,844,937	12,155,063.
6e.	144,743,687	7,237,184	12,762,816.
7e.	131,980,871	6,599,044	13,400,956.
8e.	118,579,915	5,928,996	14,071,004.
9e.	104,508,911	5,225,446	14,774,554.
10e.	89,734,357	4,486,718	15,513,282.
11e.	74,221,075	3,711,054	16,288,946.
12e.	57,932,129	2,896,606	17,103,394.
13e.	40,828,735	2,041,437	17,958,563.
14e.	22,870,172	1,143,509	18,856,491.
15e.	4,013,681	200,684	4,013,681.
		84,214,365	200,000,000.

Reste sur la quinzième année, intérêts payés et dernier remboursement effectué, ci . . . . 15,785,635.

Recette des quinze années. . 300,000,000

Remboursemens	200,000,000
Intérêts.	84,214,365
Reste sur la 15e. année . . .	15,785,635
Somme égale à la recette . .	300,000,000

www.ingramcontent.com/pod-product-compliance
Lightning Source LLC
Chambersburg PA
CBHW051348050726

47595CB00006B/2455